Tobias Knecht

Célestin Freinet - sein methodisches Vorgehen und seine pädagogischen Konzepte

GRIN Verlag

Bibliografische Information der Deutschen Nationalbibliothek:

Die Deutsche Bibliothek verzeichnet diese Publikation in der Deutschen National-
bibliografie; detaillierte bibliografische Daten sind im Internet über http://dnb.d-
nb.de/ abrufbar.

Impressum:

Copyright © 2008 GRIN Verlag, Open Publishing GmbH
Druck und Bindung: Books on Demand GmbH, Norderstedt Germany
ISBN: 978-3-640-94314-2

Dieses Buch bei GRIN:

http://www.grin.com/de/e-book/173990/celestin-freinet-sein-methodisches-vorgehen-
und-seine-paedagogischen

GRIN - Your knowledge has value

Der GRIN Verlag publiziert seit 1998 wissenschaftliche Arbeiten von Studenten, Hochschullehrern und anderen Akademikern als eBook und gedrucktes Buch. Die Verlagswebsite www.grin.com ist die ideale Plattform zur Veröffentlichung von Hausarbeiten, Abschlussarbeiten, wissenschaftlichen Aufsätzen, Dissertationen und Fachbüchern.

Besuchen Sie uns im Internet:

http://www.grin.com/

http://www.facebook.com/grincom

http://www.twitter.com/grin_com

Inhaltsverzeichnis

1 Einleitung

Veränderung ist Fortschritt. Eine der größten Veränderungen in der europäischen Geschichte erfolgte im 19. Jahrhundert und beeinflusste die Gesellschaft grundlegend. Viele Menschen versprachen sich durch die neu entstandenen Fabriken ein besseres Leben in der Stadt als auf dem Lande. Es fand ein Übergang von der Land- zur Stadtbevölkerung statt. Da dieser Übergang ein anderes Leben mit sich zog, mussten die Kinder ebenfalls anders auf dieses Leben vorbereitet werden. Es galt die Menschen zu praktischer Arbeit und selbstständigem Denken zu erziehen. Doch wie sollte man diese neue Form von Erziehung umsetzen? Diese Frage stellten sich viele Reformer die eine Umstrukturierung der Bildung Anfang des 20. Jahrhunderts anstrebten. Ellen Key, John Dewey, Adolphe Ferrière, Georg Michael Kerschensteiner und Célestin Freinet sind nur einige dieser zahlreichen Reformer. Viele zu dieser Zeit entstandenen Ideen endeten als Utopie, andere wiederum sind heute fest in unser Schulsystem eingebettet. Ein sehr erfolgreiches Konzept für eine moderne Schule entwickelte Célestin Freinet, welches in dieser Arbeit beschrieben und untersucht werden soll.

2 Der Einfluss des Lebens Célestin Freinets auf seine Pädagogik

Célestin Freinet wurde 1896 als das fünfte von sechs Kindern in Gars geboren. Die Eltern führten einen einfachen Krämerladen und gehörten zur unteren Schicht der französischen Gesellschaft. Als er 1900 in eine einklassige Dorfschule eingeschult wurde, kam er bereits mit vier Jahren erstmalig in Kontakt mit den schlechten schulischen Verhältnissen, die in weiten Teilen Europas vorherrschten. Célestin Freinet erreichte 1908 den Volkschul- und vier Jahre später den Sekundarschulabschluss (Schlemminger, 2002, S.9).

Vielleicht von den eigenen Erfahrungen beflügelt und ausreichend motiviert die schlechte Schulsituation zu verbessern, begann er 1913 das Seminar, welches ihn zum Lehrer ausbilden sollte. Freinet legte das Abitur ab und begann bereits ein Jahr später das schulpraktische Jahr, das Bestandteil der Lehrerausbildung war.

Nachdem im gleichen Jahr der erste Weltkrieg ausbrach, wurde Célestin Freinet zum Militärdienst eingezogen. Durch diese unglücklichen Umstände musste er zunächst seine Ausbildung zum Lehrer abbrechen und diente drei Jahre lang der französischen

Armee im Nordosten von Paris. Kurz vor Kriegsende 1918 wurde Freinet aufgrund eines Lungenschusses ausgemustert (Schlemminger, 2002, S.9).

Die Erfahrungen des ersten Weltkrieges machten ihn nicht nur zum Pazifisten, sondern beeinflussten sein zukünftiges Leben maßgeblich. Im Jahr 1920 veröffentlicht Freinet sein erstes Buch mit dem Titel „Getroffen, Erinnerungen eines Kriegsversehrten" indem er mit den schrecklichen Erinnerungen des ersten Weltkrieges abschloss (Schöningh, 1998, S.9). Er entschied trotz seines schlechten Gesundheitszustandes Lehrer zu werden und wurde zunächst als Aushilfslehrer eingestellt. Seine fortschrittlichen Ideen führten jedoch schnell zu einer Festanstellung im Lehrerberuf. Seine gesundheitlichen Defizite führten jedoch immer wieder zu Beurlaubungen aus dem Schuldienst.

Die längste von ihnen erfolgte 1933 und dauerte 2 Jahre. Nachdem diese vom Gesetz vorgeschriebene Frist abgelaufen war, beantragten Célestin und seine Frau Élise Freinet 1935 die Frührente (Schlemminger, 2002, S.9).

Es war dem Paar nun möglich sich ihren zahlreichen Interessen zu widmen.

Freinet, unter anderem Generalsekretär der Lehrergewerkschaft, trat im zweiten Weltkrieg der Widerstandsgruppe „Francs Tireurs et Partisans" bei.

Die Französische Widerstandorganisation stand unter kommunistischer Führung und versuchte sich mit Mitteln, wie zum Beispiel dem bewaffneten Widerstand und der Sabotage, gegen die deutsche Besatzung zu wehren.

Freinet gründete 1924 die „Cooperative de l'Enseignement Laic" (C.E.L.), auf die im späteren Abschnitt noch genauer eingegangen werden soll. Nach dem 2. Weltkrieg gründete er die Pädagogik Kooperative ICEM[1], welche für seine Pädagogik eintrat und sie der Öffentlichkeit präsentierte (Wichmann, 1999, S.210).

Des Weiteren war er von 1926 bis 1946 Mitglied der Kommunistischen Partei Frankreichs (P.C.F.), was sich maßgeblich auf seine Pädagogik auswirkte. Freinets gesellschaftliches Ideal war eine durch genossenschaftliche Organisation und Arbeitsweise bestimmte Gesellschaft in der Gestalt eines ländlichen Selbstverwaltungssozialismus[2] (Wichmann, 1999, S.211).

Diese Idee versuchte er nun auf den schulischen Bereich zu adaptieren. Die Schule sollte nach der Auffassung Freinets die Stätte des kindgemäßen und genossenschaftlichen Lernens, Arbeitens und Lebens sein (Wichmann, 1999, S.211).

---

[1] ICEM ist die Abkürzung für Institut Coopératif de l'École Moderne und beschreibt die 1947 von Freinet gegründete Pädagogik- Kooperative (Schlemminger, 2002, S.42).
[2] Der Sozialismus ist eine im 19. Jahrhundert entstandene, von Arbeitern getragene Bewegung, die eine auf Gleichheit, Solidarität und Gerechtigkeit beruhende Gesellschaft verwirklichen will und dem Kapitalismus kritisch gegenübersteht (Brockhaus, 1988, Bd 20, S. 535).

Dieser Standpunkt bildete die Basis einer neuen Schule der „École Moderne Francaise".
Doch wie sah die Schule im ersten Drittel des 20. Jahrhunderts aus und war bereits „ein Spatenstich" für den Aufbau einer neuen Schule gemacht worden? Diese Fragen sollen im nun folgenden Abschnitt beantwortet werden.

3 Die Kritik an der alten Schule und die Vorläufer der Freinet Pädagogik in Frankreich

Wie bereits beschrieben, waren die Verhältnisse im Schulwesen katastrophal.

Die Folgen des ersten Weltkrieges und die Umstrukturierung der Gesellschaft von einer Land- zu einer Stadtbevölkerung gaben der Schule eine neue Charakteristik.

Das französische Volksschulwesen war in den zwanziger Jahren in einem sehr schlechten Zustand. Wie bereits beschrieben hatte dies Freinet in seiner Jugend am eigenen Leib erfahren müssen. Die Klassen waren mit vierzig Schülern maßlos überfüllt und die Schule selbst befand sich in einem sehr schlechten baulichen und hygienischen Zustand. Ein weiterer Grund für die angespannte Lage war die zwischen Kirche und Staat gespaltene Gemeinde, welche für den Unterhalt und den Bau der Schule verantwortlich war. Da die Volksvertreter weitestgehend auf der kirchlichen Seite standen, wurden privat- katholische Schulen mehr unterstützt als staatliche (Schlemminger, 2002, S.9).

Der Unterricht war lebensfremd und lehrerzentriert. Der Lehrer unterrichtete die Schüler durch Frontalunterricht, welches die Passivität der Schüler mit sich zog. Der Schulstoff wurde den Schülern diktiert. Freinet beschrieb diese Form der Schule mit dem Begriff „Bastardschule" (Wichmann, 1999, S.210).

Er war jedoch nicht der erste, der diese Defizite erkannte und beseitigen wollte, denn Freinet zählte zur jüngeren Generation der Reformpädagogen (Schlemminger, 2002, S.13). Er knüpfte lediglich an die Ideen der ausländischen Reformpädagogen Lietz, Kerchensteiner, Dewey und Ferrière an, die das Konzept der Arbeitsschule vertraten. Dieses beinhaltete die Förderung der Selbsttätigkeit des Kindes im Unterricht, den Übergang vom theoretischen Frontalunterricht zur praktischen Handarbeit und die engere Verbindung zwischen Schule und Leben (Scheibe, 1994, S. 201).

Auch in Frankreich gab es wichtige Vorläufer der „Freinet- Pädagogik". So erarbeitete Réne Daniel bereits 1921 mit seinen 92 Schülern freie Texte und kopierte diese mit

Gelatineplatten. Auch Jean Cornec führte außerschulische Erkundungen durch und betrieb Gruppenarbeit und Filmvorführungen (Schlemminger, 2002, S.13).

Freinets eignete sich viele dieser Techniken an und formte daraus ein eigenes Schulkonzept.

Er muss daher weniger als Erfinder einer neuen Pädagogik, sondern mehr als Initiator einer neuen Schule angesehen werden. Diese Schule trägt den Namen „École Moderne Francaise" (Wichmann, 1999, S.210).

Im nächsten Abschnitt sollen die Grundsätze und die dazugehörigen Methoden der modernen Schule Freinets genauer erläutert werden.

4 Die Grundsätze und die Methoden der Freinet Pädagogik

Wie bereits beschrieben, orientierte sich Freinet an den Reformpädagogen der Arbeitsschule. Für Freinet stand die praktische Arbeit der Schüler in seiner Pädagogik und die dazugehörende „École Moderne" an oberster Stelle. Lernerfolge konnten nach Freinets Ansicht am besten durch die Arbeit des Kindes an einem bestimmten Thema erzielt werden. Freinet schrieb dazu folgendes:

> „Lernen erfolgt durch Arbeiten, wobei dies als Grundtätigkeit jedes Menschen zur Aneignung und spontanen Neuorganisation von Erfahrung in der sozialen Umwelt und in der Schule gefasst wird und damit zur Entwicklung des Kindes beiträgt. Die Aufgabe der Lehrperson ist es, ein positives Lernumfeld zu erstellen." (Schlemminger, 2002, S.18)

Aber die Reformpädagogen der Arbeitsschule sind nicht die einzigen, an die sich Freinet bezüglich seiner Pädagogik orientierte. Er übernahm einen wesentlichen Grundsatz von Ellen Key, welche die „Wissensvermittlung ausgehend vom Kinde" befürwortete (Schlemminger, 2002, S.17). Dieser Grundsatz sollte besonders den lehrerzentrierten Unterricht und die Passivität der Schüler im Unterricht eindämmen. Das Grundkonzept ist wesentlicher Bestandteil aller vier Hauptaufgaben, die sich die „École Moderne" Freinets stellt.

Die vier Hauptaufgaben sind die freie Entfaltung der Persönlichkeit, die kritische Auseinandersetzung des Kindes mit seiner Umwelt, die Selbstverantwortlichkeit des Kindes sowie die Zusammenarbeit und die gegenseitige Verantwortlichkeit.

Diese Aufgaben und die darin enthaltenen Methoden sollen an dieser Stelle genauer erklärt werden.

Der erste Grundsatz, „die freie Entfaltung der Persönlichkeit", beinhaltet grundlegend das Ziel „der Wissensvermittlung ausgehend vom Kinde" und äußert sich dadurch, dass die Kinder sich selbstständig das Lesen und Schreiben mit Hilfe der Schuldruckerei aneignen. Die Schuldruckerei ist eine von vielen Arbeitsateliers und enthält einen Limographen zum Drucken der Texte und Gelatineplatten zum Vervielfältigen dieser.

Die Kinder können sich mit dieser Methode nicht nur frei entfalten, sondern werden nach Zielsetzung der Arbeitsschule auch praktisch tätig. Da das Drucken von Texten in Gruppenarbeit stattfindet, werden nicht nur kognitive Fähigkeiten, sondern auch soziale Kompetenzen erlangt (Wichmann, 1999, S.211).

Die verschiedenen Druckerzeugnisse, wie z.b. Aufsätze, Schülerzeitungen und gebundene Zeitschriften, vermitteln den Kindern Kreativität und Geschicklichkeit. Die Druckresultate bieten ihnen einen engeren Bezug als vorgegebene Lehrbücher und so kann der Lehrstoff besser verinnerlicht werden (Scheibe, 1994, S.202).Da die Druckerzeugnisse in der Arbeitsbibliothek der jeweiligen Schule gesammelt werden, können sie von den Schülern jederzeit eingesehen werden. Das klassische Lehrbuch wird dadurch immer mehr zurückgedrängt. Weitere Methoden zur künstlerischen Entfaltung der Schüler sind der Tanz, das Theater und das plastische Gestalten (Wichmann, 1999, S.211).

Der zweite Grundsatz der „École Moderne" ist die kritische Auseinandersetzung der Schüler mit ihrer Umwelt.

Freinet wollte das Interesse der Schüler an ihrer Umwelt wecken. Dies sollte durch Exkursionen und Experimente in den bereits erwähnten Arbeitsateliers erfolgen.

Die klassische Freinet- Schule beinhaltet ländliche, hauswirtschaftliche und handwerkliche Arbeitsateliers sowie künstlerische und naturwissenschaftliche Laboratorien. Das praxisbezogene Lernen wird in diesem Grundsatz besonders deutlich (Wichmann, 1999, S.211).

Die in den Arbeitsateliers gesammelten Eindrücke und Erfahrungen werden mit der Schuldruckerei in Schriftform gebracht und der schulinternen Bibliothek hinzugefügt. Durch dieses Prinzip werden Beobachtungen und Erfahrungen kindgerecht verfasst und können anderen Schülern mitgeteilt werden. Das wichtige Motto Freinets „Aus der Praxis für die Praxis!" wird bei jenem Prinzip besonders deutlich.

Der dritte Grundsatz beschreibt die Selbstverantwortlichkeit des Kindes. Der Lehrer übernimmt hierbei nur eine beaufsichtigende Funktion im Unterricht. Der selbst bestimmte Schülerunterricht soll den lehrergelenkten Frontalunterricht ersetzen, indem die Kinder den Lernstoff, die für die Erarbeitung des Themas benötigte Zeit und gegebenenfalls den Lernpartner selbst bestimmen. Die Arbeitsbibliothek dient erneut als Hilfsmittel für die Bearbeitung des Themas. Nach dem Erarbeiten und der Präsentation des Inhalts erfolgt eine Selbsteinschätzung des Schülers. Der Lehrer erteilt keine Zensuren in der „École Moderne", sondern legt den Lernfortschritt der eigenen Schüler in Leistungskurven oder Lerntagebüchern fest (Wichmann, 1999, S.211).

Die vierte und letzte Hauptaufgabe der Freinet Pädagogik beschreibt die Zusammenarbeit und gegenseitige Verantwortlichkeit innerhalb der Schule und zwischen den einzelnen Schulen. Die Zusammenarbeit innerhalb der Schule erfolgt durch Klassenversammlungen oder Klassenräte, bei denen Regeln festgelegt und Probleme oder Konflikte gelöst werden. Ein Austausch des selbst erarbeiteten Materials findet nicht nur innerhalb der Schule, sondern auch zwischen den Schulen des ganzen Landes statt (Wichmann, 1999, S.211).

Aus dieser Kooperation der Schulen durch Materialaustausch, Lehrertreffen und Koordinierungsarbeiten entstand in den zwanziger Jahren eine regelrechte Lehrerschulbewegung. Aus dieser Bewegung gründete Célestin Freinet 1924 die „Cooperative de l'Enseignement Laic" (C.E.L.). Die Organisation kümmerte sich um die Publikation pädagogischer Schriften und um die Herstellung und Distribution von didaktischem Material und schulischen Mobiliars. Ihre Anhängerschaft wuchs in den darauf folgenden Jahren bis 1933 auf 1500 Mitglieder (Wichmann, 1999, S.210).

Die Genossenschaftsidee des von Freinet vertretenen Sozialismus wird in diesem Grundsatz besonders deutlich.

Freinet konzentrierte sich jedoch nicht nur auf gegenwärtige Methoden, sondern führte nach ausreichender Prüfung auch neue Technologien, wie den Film, das Radio und die Schallplatte, in den Unterricht ein.

Freinet führte unter anderem Dyslexie[3], schulische Anorexie[4] und Enurese[5] auf eine unzureichende Pädagogik zurück (Schlemminger, 2002, S.20).

Sein teils futuristisches Denken führte ihn jedoch häufig in Sackgassen. So blieben sowohl der Versuch des „Vibrierenden Wassers" zur Erhöhung der Konzentrationsfähigkeit als auch der Hörmuschelversuch zur Verbesserung des Sprachverhaltens bzw. der Aufhebung von Sprachstörungen erfolglos.

---

[3] Dyslexie ist die Sammelbezeichnung für Lesestörungen (Brockhaus, 1988, Bd6, S. 69).
[4] Anroxie ist der Verlust des Nahrungstriebes oder die Appetitlosigkeit (Brockhaus, 1988, Bd1, S.608).
[5] Enurese ist die griechische Bezeichnung für Bettnässen und bezeichnet den ungewollten Harnabgang (Brockhaus, 1988, Bd6, S.449).

Wie bereits beschrieben, bediente sich Freinet auch vieler Methoden, die sich bereits durch Erfolg ausgezeichnet hatten. Die Winnetka- Methode[6] ist eine dieser übernommenen Methoden Freinets, obwohl er sie Jahre zuvor als „Ergebnis der kapitalistischen Pädagogik" bezeichnet hatte (Schlemminger, 2002, S.23).

Célestin Freinet blieb aber nicht nur theoretisch tätig, indem er viele Artikel publizierte und seine „Ecole Moderne" entwarf, sondern er setzte seine Theorien an der 1935 gegründeten Internatsschule in Vence gemeinsam mit seiner Frau praktisch um. In dieser Schule nahmen sie unter anderem auch Flüchtlingskinder aus Spanien auf.

Die Schule besaß zu ihrer Gründerzeit bereits 13 Schüler und ist heute die einzige Schule Frankreichs in der Trägerschaft des Staates (Schlemminger, 2002, S.43).

Durch das Konzept der Verknüpfung von Theorie und Praxis konnten viele Kritiker von der „École Moderne" überzeugt werden.

5 Die Auswirkungen der Freinet Pädagogik

Nachdem Freinet mit Hilfe der „C.E.L." die Ansichten seiner Pädagogik verbreiten konnte, prägte sich die „École Moderne" in immer mehr Ländern aus.

In Deutschland wurde sie dennoch nur vereinzelt wahrgenommen. Da man während der Weimarer Republik immer wieder Kriege mit Frankreich führte und während des Kalten Krieges in der Bundesrepublik Deutschland den Sozialismus ablehnte, war man an den Theorien eines sozialistischen Franzosen nicht interessiert.

Heutzutage hat sich die „École Moderne" auch in Deutschland ausgebreitet. Freinets Pädagogik wird besonders in ausländerreichen Schulen, Kindergärten und Sonderschulen angewandt. Die „École Moderne" ist in unterschiedlichen Ausprägungsweisen in über 40 Ländern mit 30000 Lehrern präsent (Schöningh, 1998, S.13). Auch in Lateinamerika und in Japan existieren „Freinet-Gruppen". Alle zwei Jahre findet ein internationaler Freinet- Kongress statt, wobei neue Methoden untersucht und diskutiert werden.

Da sich Freinet besonders im Stalinismus immer mehr vom Kommunismus distanzierte, beeinflusst seine Pädagogik auch „Nichtkommunistische Schulen". So

---

[6] Die Winnetka- Methode ist ein von Carl Washburne veröffentlichtes System, welches Selbstlernmethoden für den individualisierten und programmierten Rechenunterricht enthält (Schlemminger, 2002, S.23).

betreiben zum Beispiel Jesuitenschulen seit den späten 60er Jahren ihren Unterricht nach den Konzepten Freinets.

6 Literaturverzeichnis

Wichmann, J. (1999). Freinet- Pädagogik. In Reinhold, G. (Hrsg.), *Pädagogik Lexikon* (S.210-212). München, Wien: R. Oldenburg Verlag.

Jörg, H.; Zillgen, H. (2000). *Célestin Freinet, Pädagogische Werke Bd.* Paderborn, München, Wien, Zürich: Schöningh Verlag.

Scheibe, W.(1994). *Die Reformpädagogische Bewegung.* (S.201-203). Weinheim, Basel: Beltz Verlag.

Schlemminger, G.(2002). Zur Biografie Célestin Freinets und zur Entwicklung der Grundzüge und Prinzipien seiner Pädagogik. In Schaberg, I. H. (Hrsg.), *Basiswissen Pädagogik, Reformpädagogische Schulkonzept Bd.5* (S.9-51). Stuttgart: Schneider Verlag Hohengehren GmbH.

Brockhaus (1988). *Brockhaus Enzyklopädie.* Mannheim, F.A. Brockhaus GmbH.